ABHÄNGIG PERSÖNLICHKEIT *STÖRUNG*

Ihr definitiver Leitfaden zur Befreiung aus der Abhängigkeit

Lilian Nicole

INHALT

EINFÜHRUNG

Menschen, die an einer abhängigen Persönlichkeitsstörung leiden, haben häufig Schwierigkeiten, alltägliche Entscheidungen zu treffen, benötigen übermäßige Bestätigung und vermeiden Verantwortungen, die ihre selbst wahrgenommene Unzulänglichkeit in Frage stellen könnten.

Unter einer abhängigen Persönlichkeitsstörung (DPD) versteht man die Unfähigkeit, allein zu sein und sich auf Trost und Unterstützung durch andere zu verlassen. Im Vergleich zu Unsicherheit, die weit verbreitet ist, besteht ein Bedürfnis nach Bestätigung, um funktionieren zu können. Charakteristisch ist ein allgegenwärtiger und übermäßiger Wunsch, umsorgt zu werden, der zu unterwürfigem und anhänglichem Verhalten führt.

Damit eine Erkrankung als Persönlichkeitsstörung eingestuft werden kann, muss sie in eine der folgenden Gruppen fallen:

Cluster A: Zu den Persönlichkeitsstörungen des Clusters A, die durch ungewöhnliches oder exzentrisches Verhalten gekennzeichnet sind, gehören paranoide, schizoide und schizotypische Persönlichkeitsstörungen. Personen in dieser Gruppe können sozialen Rückzug, Misstrauen und seltsame Denkmuster aufweisen. Das Verständnis dieser Störungen hilft dabei, subtile Anzeichen seltsamer Verhaltensweisen zu erkennen. Die vielfältigen Erscheinungsformen von Cluster A, die von paranoidem Misstrauen bis hin zu schizoider Distanziertheit reichen, verdeutlichen die komplexe Landschaft der Exzentrizität im Bereich der Persönlichkeitsstörungen.

Cluster B: Persönlichkeitsstörungen des Clusters B werden durch emotionales oder unberechenbares Verhalten identifiziert. Zu dieser Gruppe gehören Borderline-, narzisstische, antisoziale und histrionische Persönlichkeitsstörungen. Einzelpersonen können mit volatilen Emotionen, impulsivem Verhalten und Schwierigkeiten beim Aufbau stabiler Beziehungen zu kämpfen haben. Dieser Cluster beleuchtet das turbulente emotionale Terrain, von der intensiven Angst vor dem Verlassenwerden bei der Borderline-Persönlichkeitsstörung bis hin zur Arroganz bei der narzisstischen Persönlichkeitsstörung. Das Verständnis dieser Dynamik ist wichtig, um die Komplexität emotionalen und unberechenbaren Verhaltens innerhalb des Spektrums der Persönlichkeitsstörung zu verstehen.

Cluster C: Persönlichkeitsstörungen des Clusters C zeichnen sich durch ängstliches und nervöses Verhalten aus. Zu diesem Cluster gehören zwanghafte, abhängige und vermeidende Persönlichkeitsstörungen.

Von der Vermeidung sozialer Interaktionen bei der vermeidbaren Persönlichkeitsstörung über das übermäßige Bedürfnis nach Bestätigung bei der abhängigen Persönlichkeitsstörung bis hin zur starren Einhaltung von Regeln bei der Zwangspersönlichkeitsstörung ist das Verständnis dieser ängstlichen Verhaltensweisen für eine wirksame Diagnose und Behandlung wichtig.

Die abhängige Persönlichkeitsstörung gehört zu Cluster C.

KAPITEL EINS

DPD verstehen

Die abhängige Persönlichkeitsstörung (DPD) ist eine komplexe psychische Erkrankung, die in die Kategorie der Persönlichkeitsstörungen des Clusters C fällt.

DPD, das durch ein allgegenwärtiges und übermäßiges Bedürfnis gekennzeichnet ist, dass andere sich um den Einzelnen kümmern, kann erhebliche Auswirkungen auf viele Aspekte des Lebens eines Einzelnen haben, von persönlichen Beziehungen bis hin zur beruflichen Weiterentwicklung. Die Erforschung der Nuancen dieser Störung ist für die Entwicklung von Empathie, die Bereitstellung wirksamer Unterstützung und die Begleitung des Einzelnen auf dem Weg zur Genesung von entscheidender Bedeutung.

Ursprünge und Entwicklung

Abhängige Persönlichkeitsstörungen haben ihre Wurzeln oft in frühen Lebenserfahrungen. Diese Störung kann sich als Folge eines Umfelds in der Kindheit entwickeln, das von inkonsequenter oder übermäßig beschützender Erziehung geprägt ist. Der Einzelne könnte die Vorstellung verinnerlichen, dass er die Hindernisse im Leben nicht alleine bewältigen kann, was ihn dazu veranlassen würde, auf die praktische und emotionale Unterstützung anderer Menschen angewiesen zu sein.

Auswirkungen auf den Alltag

DPD beeinflusst viele Aspekte des Lebens eines Menschen. Das Karrierewachstum kann dadurch behindert werden, dass Personen Rollen meiden, die im beruflichen Umfeld unabhängiges Denken erfordern. Die Angst vor dem Verlassenwerden kann beziehungsbelastende Verhaltensweisen hervorrufen, die auch erhebliche Auswirkungen auf persönliche Beziehungen haben. Es kann schwierig sein, den Teufelskreis der Abhängigkeit zu durchbrechen, der aus einem anhaltenden Bedürfnis nach Bestätigung und Unterstützung resultiert.

KAPITEL ZWEI

Anzeichen und Symptome von DPD

Für die Früherkennung und Intervention ist es wichtig, die Symptome und Anzeichen von DPD vollständig zu verstehen. In diesem Kapitel werden die Hauptsymptome dieser Störung behandelt.

Einige dieser Symptome können Folgendes umfassen:

-Unterwürfiges Verhalten: Menschen, die mit DPD leben, zeigen häufig unterwürfiges Verhalten und suchen ständig die Zustimmung und Führung anderer. Dies kann sich in einer Zurückhaltung äußern, die eigene Meinung zu äußern oder bei der Entscheidungsfindung unabhängig zu handeln.

-Entscheidungen mit Hilfe von Freunden und Familie treffen: Die konsequente Abhängigkeit von Freunden und Familie bei der Entscheidungsfindung ist ein offensichtliches Zeichen von DPD. Den Betroffenen fällt es möglicherweise schwer, selbst einfache Entscheidungen ohne externe Hilfe zu treffen, was den Teufelskreis der Abhängigkeit verlängert.

-Kontinuierliche Sicherheit erforderlich: Um
Gefühle der Unsicherheit und des Selbstzweifels zu
reduzieren, benötigen Personen mit DPD in der Regel
ständige Bestätigung durch andere. Selbst bei
alltäglichen Aufgaben suchen sie möglicherweise
ständig nach Bestätigung und Bestätigung.

**- Durch Missbilligung kann man sich leicht
verletzen**: Personen mit DPD reagieren äußerst
empfindlich auf Kritik oder Missbilligung. Konstruktives
Feedback oder wahrgenommene Ablehnung können zu
erhöhtem emotionalem Stress sowie zu einer tiefen
Angst führen, andere zu enttäuschen.

**-Sich isoliert und ängstlich fühlen, wenn man
allein ist**: DPD zeichnet sich durch die Angst vor dem
Alleinsein aus. Einzelpersonen können Angst und
Nervosität verspüren, wenn sie alleine sind, was dazu
führt, dass sie die Einsamkeit meiden.

-Angst vor Zurückweisung: Ein häufiges Symptom
von DPD ist eine tiefsitzende Angst vor Ablehnung.
Diese Angst kann den Aufbau gesunder Beziehungen
erschweren und das starke Bedürfnis schüren,
Menschen für sich zu gewinnen, um nicht verlassen zu
werden.

-Äußerst empfindlich gegenüber Kritik sein: Personen mit DPD können es besonders schwierig finden, Kritik anzunehmen, selbst wenn sie konstruktiv ist. Aufgrund ihrer erhöhten Sensibilität können sie emotional reagieren, die in keinem Verhältnis zur erhaltenen Kritik stehen.

-Unfähig sein, allein zu sein: Menschen mit DPD fällt es oft schwer, allein zu sein und ständige Gesellschaft zu suchen, um Minderwertigkeits- und Einsamkeitsgefühlen vorzubeugen. Diese Abhängigkeit von der emotionalen Unterstützung anderer Menschen könnte die persönliche Entwicklung behindern.

-Naiv sein: Naivität ist ein häufiges Merkmal von Personen mit DPD, da sie möglicherweise übermäßig vertrauensvoll sind und sich leicht von anderen beeinflussen lassen. Dadurch können sie anfällig für Ausbeutung und Manipulation sein.

-Angst vor Verlassenheit: Die Angst vor dem Verlassenwerden ist vielleicht die größte Angst, die mit DPD verbunden ist. Diese Angst kann Menschen dazu motivieren, große Anstrengungen zu unternehmen, um Beziehungen intakt zu halten, auch wenn dies den Verzicht auf eigene Bedürfnisse und Wünsche erfordert.

Menschen mit DPD, die allein sind, können ein breites Spektrum intensiver Emotionen und Erfahrungen erleben. Dazu könnten gehören:

Nervosität: Das Alleinsein verschlimmert oft die angeborene Nervosität, die Menschen mit DPD möglicherweise bereits in sozialen Situationen verspüren. Das Fehlen einer unmittelbaren externen Bestätigung kann Angst hervorrufen und die Einsamkeit zu einer schwierigen und unangenehmen Erfahrung machen.

Panikattacken: Bei Personen mit DPD kann die Aussicht auf das Alleinsein Panikattacken auslösen. Die Angst vor dem Verlassenwerden kann in Verbindung mit dem Fehlen einer unterstützenden Präsenz zu überwältigender Angst, Herzklopfen und einem Gefühl des drohenden Untergangs führen.

Furcht: Personen mit DPD können neben ihrer Einsamkeit auch ein allgegenwärtiges Angstgefühl verspüren. Diese Angst rührt nicht nur von der Angst vor dem Alleinsein her, sondern auch von der Unsicherheit, das Leben ohne ständige Führung und Unterstützung durch andere zu meistern.

Hoffnungslosigkeit: Für jemanden mit DPD kann die Zeit allein das Gefühl der Hoffnungslosigkeit verschlimmern. Menschen, die mit dem Glauben zu kämpfen haben, dass sie nicht in der Lage sind, alleine zurechtzukommen, verspüren unter Umständen Gefühle der Verzweiflung, weil es ihnen an äußerer Sicherheit mangelt.

Das Erkennen der Symptome einer abhängigen Persönlichkeitsstörung ist für eine rechtzeitige Intervention und wirksame Behandlung von entscheidender Bedeutung. Durch das Verständnis dieser Indikatoren können Einzelpersonen, Freunde und Familienangehörige die notwendige Unterstützung leisten und die Betroffenen ermutigen, professionelle Hilfe in Anspruch zu nehmen, um Unabhängigkeit und emotionale Stabilität zu fördern.

KAPITEL DREI

Kognitive Verzerrungen von DPD

Die abhängige Persönlichkeitsstörung (DPD) ist tendenziell mit spezifischen kognitiven Verzerrungen verbunden – Denkmustern, die zur Aufrechterhaltung und Verschlimmerung der Störung beitragen. Menschen mit DPD nehmen sich selbst, andere und die Welt um sie herum durch diese Verzerrungen wahr. Das Verständnis dieser kognitiven Verzerrungen ist für die Wirksamkeit therapeutischer Interventionen von entscheidender Bedeutung.

Hier ist ein detaillierterer Blick auf die kognitiven Verzerrungen im Zusammenhang mit der abhängigen Persönlichkeitsstörung:

1. Katastrophalisierend:

Beschreibung: Menschen mit DPD neigen möglicherweise zu Katastrophendenken, d. h. sie neigen dazu, sich das Worst-Case-Szenario vorzustellen. Diese Verzerrung verstärkt die Angst davor, allein gelassen oder verlassen zu werden, was dazu führt, dass man sich übermäßig viele Sorgen über mögliche schlechte Folgen macht.

Auswirkungen: Katastrophisieren erhöht die Angst, was es den Menschen erschwert, unabhängige Aktivitäten auszuführen. Die Angst vor katastrophalen Folgen hat die Macht, Menschen davon abzuhalten, Entscheidungen zu treffen, und sie dazu zu bringen, auf Trost von anderen Menschen angewiesen zu sein.

2. Alles-oder-Nichts-Denken:

Beschreibung: Diese Verzerrung tritt auf, wenn man Dinge nur in Schwarzweiß wahrnimmt und keine Graubereiche oder Mittelwege erkennt. Beziehungen können Menschen mit DPD völlig akzeptierend oder völlig ablehnend gegenüberstehen und wenig Raum für Nuancen lassen.

Auswirkungen: Eine erhöhte Angst vor dem Verlassenwerden kann aus dem Alles-oder-Nichts-Denken resultieren. Für Einzelpersonen kann es schwierig sein, die Komplexität von Beziehungen anzuerkennen, was es für sie schwierig macht, mit den normalen Höhen und Tiefen umzugehen, ohne starke emotionale Reaktionen zu verspüren.

3. Personalisierung:

Beschreibung: Sich selbst äußere Ereignisse zuzuschreiben, auch wenn kein logischer Zusammenhang besteht, wird als Personalisierung bezeichnet. Personen, die an DPD leiden, könnten externe Ereignisse verinnerlichen und sie als Ausdruck ihrer eigenen Unzulänglichkeit wahrnehmen.

Auswirkungen: Diese Verzerrung erhöht die Abhängigkeit von externer Bestätigung und führt zu einem verzerrten Selbstbild. Menschen geben sich möglicherweise übermäßig viel Schuld für schlimme Dinge, die ihnen widerfahren, was dazu führt, dass sie sich noch machtloser und abhängiger von anderen Menschen fühlen.

4. Filterung:

Beschreibung: Die selektive Konzentration auf die negativen Aspekte einer Situation und das Ignorieren der positiven Aspekte wird als Filtern bezeichnet. Um ihr Abhängigkeitsgefühl zu verstärken, ignorieren Personen mit DPD möglicherweise Hinweise auf ihre eigenen Fähigkeiten oder die Unterstützung, die sie erhalten.

Auswirkungen: Personen, die gute Nachrichten selektiv ignorieren, könnten weiterhin eine verzerrte Wahrnehmung ihrer eigenen Fähigkeiten und des

Umfangs der ihnen zur Verfügung stehenden Unterstützung haben. Dies nährt den Teufelskreis aus geringem Selbstwertgefühl und der Abhängigkeit von anderen Menschen zur Bestätigung.

5. Gedankenlesen:

Beschreibung: Gedankenlesen ist die Praxis, Annahmen über die Gedanken anderer Menschen zu treffen, ohne dass konkrete Beweise vorliegen. Menschen mit DPD denken vielleicht, dass andere Menschen sie unwürdig oder belastend finden, was sie ängstlicher macht und Angst davor hat, abgelehnt zu werden.

Auswirkungen: Gedankenlesen schafft eine sich selbst erfüllende Prophezeiung, weil Menschen ihr Verhalten aufgrund falscher Überzeugungen darüber ändern, wie andere sie sehen. Die Beziehungen könnten darunter leiden und der Bedarf an kontinuierlicher Sicherheit könnte steigen.

6. Emotionales Denken:

Beschreibung: Menschen, die ihre Emotionen mit der Realität gleichsetzen, beschäftigen sich mit emotionalem Denken. Personen mit DPD könnten denken, dass ihre

Gefühle der Unzulänglichkeit real seien, was ein verzerrtes Selbstbild verstärken würde.

Auswirkungen: Gefühle der Abhängigkeit und Unzulänglichkeit werden durch diese Verzerrung verstärkt. Es kann für den Einzelnen schwierig sein, die Gültigkeit seiner Emotionen in Frage zu stellen, was den Bemühungen, Autonomie und Selbstvertrauen aufzubauen, im Wege steht.

7. Übergeneralisierung:

Beschreibung: Das Treffen allgemeiner, umfassender Annahmen auf der Grundlage begrenzter Daten wird als Übergeneralisierung bezeichnet. Personen, die an DPD leiden, könnten schlechte Beziehungserfahrungen auf alle zukünftigen Begegnungen übertragen und die gleichen Ergebnisse erwarten.

Auswirkungen: Menschen neigen dazu, unangenehme Erinnerungen aus der Vergangenheit auf neue Beziehungen zu projizieren, was zu einer Überverallgemeinerung und der weit verbreiteten Angst vor dem Verlassenwerden führt. Diese Verzerrung fördert die Abhängigkeit und behindert die Entwicklung positiver Beziehungen.

Um Patienten mit abhängiger Persönlichkeitsstörung wirksam behandeln zu können, ist es unerlässlich, diese kognitiven Verzerrungen zu erkennen und anzugehen. Um gesündere Ansichten, mehr Autonomie und Selbstvertrauen zu fördern, wird häufig kognitive Verhaltenstherapie (CBT) eingesetzt, um Einzelpersonen dabei zu helfen, diese fehlerhaften Denkmuster zu erkennen und zu hinterfragen.

KAPITEL VIER

Unterscheidung zwischen DPD und anderen Persönlichkeitsstörungen

Persönlichkeitsstörungen sind eine Gruppe von psychischen Erkrankungen, die durch anhaltende Verhaltens-, Wahrnehmungs- und innere Erfahrungsmuster gekennzeichnet sind, die erheblich von kulturellen Normen abweichen. Die Differenzierung dieser Störungen ist für eine genaue Diagnose und Behandlung äußerst wichtig. Unter ihnen sticht die abhängige Persönlichkeitsstörung (DPD) hervor, die sich durch besondere Merkmale auszeichnet.

Nachfolgend finden Sie einen Überblick über die Unterschiede zwischen der abhängigen Persönlichkeitsstörung (DPD) und anderen Persönlichkeitsstörungen:

1. **Abhängige vs. Borderline-Persönlichkeitsstörung (BPD):** Während beide Störungen durch Angst vor dem Verlassenwerden gekennzeichnet sind, können Personen mit BPS

impulsiveres Verhalten, intensive und instabile Beziehungen und ein verzerrtes Selbstbild zeigen.

DPD konzentriert sich mehr auf Abhängigkeit und das Bedürfnis nach Unterstützung, während BPD durch emotionale Dysregulation definiert wird.

2. **Abhängige Persönlichkeitsstörung (DPD) vs. Vermeidende Persönlichkeitsstörung (AvPD):**Die abhängige Persönlichkeitsstörung betont das Bedürfnis, dass andere die Kontrolle übernehmen, während die vermeidende Persönlichkeitsstörung durch soziale Hemmung, Gefühle der Unzulänglichkeit und Überempfindlichkeit gegenüber negativen Bewertungen gekennzeichnet ist.

Bei der DPD geht es um die Angst vor dem Alleinsein, bei der AvPD um die Angst vor Ablehnung und Kritik.

3. **Abhängige vs. narzisstische Persönlichkeitsstörung (NPD):** Während die narzisstische Persönlichkeitsstörung durch ein überhebliches Selbstwertgefühl und einen Mangel an Empathie gekennzeichnet ist, ist die abhängige

Persönlichkeitsstörung durch einen Mangel an Selbstvertrauen und ein unstillbares Bedürfnis nach Bestätigung gekennzeichnet.

Personen mit DPD neigen eher dazu, ihre Leistungen anderen zuzuschreiben, als dass sie persönliche Erfolge für sich in Anspruch nehmen.

4. **Abhängige vs. zwanghafte Persönlichkeitsstörung (OCPD):** Obwohl beide Störungen mit Perfektionismus einhergehen, zeichnet sich die OCPD durch eine Obsession mit Ordnung und Kontrolle aus.

DPD-Personen suchen Unterstützung und Bestätigung, während OCPD-Personen die Kontrolle über ihre Umgebung behalten möchten.

Behandlung und Ausblick

Psychotherapie, insbesondere kognitive Verhaltenstherapie (CBT), ist bei der Behandlung abhängiger Persönlichkeitsstörungen tendenziell wirksam. Der therapeutische Schwerpunkt liegt auf der Entwicklung des Selbstwertgefühls, der Förderung der Autonomie und der Entwicklung positiverer zwischenmenschlicher Beziehungen. Wenn Symptome wie Angstzustände oder Depressionen vorliegen, können Medikamente zur Behandlung eingesetzt werden.

Obwohl die abhängige Persönlichkeitsstörung bestimmte Merkmale mit anderen Persönlichkeitsstörungen gemeinsam hat, sind ihre charakteristischen Merkmale das allgegenwärtige Bedürfnis nach Unterstützung und die Angst vor dem Verlassenwerden. Das Erkennen dieser Merkmale ist für eine genaue Diagnose und die Entwicklung gezielter therapeutischer Interventionen von entscheidender Bedeutung.

Zu berücksichtigende gleichzeitig auftretende Störungen

Gleichzeitig auftretende Störungen, auch Komorbiditäten genannt, erschweren das Verständnis und die Behandlung psychischer Erkrankungen. Personen mit einer abhängigen Persönlichkeitsstörung (DPD) bilden keine Ausnahme, da sie möglicherweise auch mit anderen gleichzeitig auftretenden Störungen zu kämpfen haben, die sich auf ihr allgemeines Wohlbefinden auswirken. Die Untersuchung dieser miteinander verbundenen Probleme ist für eine wirksame Diagnose und Intervention von entscheidender Bedeutung.

Zu den gleichzeitig auftretenden Störungen, auf die Sie achten sollten, können die folgenden gehören:

-**Abhängige Persönlichkeitsstörung (DPD):** Die Störung wird durch ein übermäßiges Pflegebedürfnis definiert, das zu unterwürfigem und anhänglichem Verhalten führt. Menschen mit DPD haben oft Schwierigkeiten, alltägliche Entscheidungen zu treffen, wenn sie von anderen nicht umfassend beraten und beruhigt werden. Diese Abhängigkeit kann mit einer Vielzahl gleichzeitig auftretender Störungen einhergehen und die Herausforderungen sowohl für den Einzelnen als auch für die Fachkräfte im Bereich der psychischen Gesundheit erschweren.

-**Generalisierte Angststörung (GAD):** Dies ist eine häufig zusammen mit DPD auftretende Störung. Das ständige Bedürfnis von DPD nach Bestätigung und die Angst vor Entscheidungen stehen im Einklang mit der anhaltenden und übermäßigen Sorge von GAD. Diese Personen verspüren unter Umständen erhöhte Ängste und rechnen selbst in Routinesituationen mit negativen Folgen. Die kombinierte Wirkung von DPD und GAD kann zu einem Teufelskreis aus Abhängigkeit und Angst führen, der bei der Behandlungsplanung sorgfältig berücksichtigt werden muss.

-Major Depressive Disorder (MDD): Dies ist eine weitere bemerkenswerte gleichzeitig auftretende Störung. Wenn abhängige Personen sich selbst als belastend oder unfähig betrachten, verspüren sie möglicherweise ein tiefes Gefühl der Wertlosigkeit und Hoffnungslosigkeit. Die Kernsymptome von MDD, wie anhaltende Traurigkeit und Interessenverlust, können die emotionalen Schwierigkeiten, mit denen Menschen mit DPD konfrontiert sind, verschlimmern. Für die Förderung eines umfassenden Therapieansatzes ist es wichtig, beide Erkrankungen gleichzeitig anzugehen.

-Soziale Angststörung (SAD): Personen mit einer abhängigen Persönlichkeitsstörung sind auch anfällig für eine soziale Angststörung. Die mit SAD häufig verbundene Angst vor negativer Bewertung und sozialer Ablehnung entspricht dem Wunsch von DPD nach Anerkennung und Akzeptanz. Diese Überschneidung kann sich in der Vermeidung sozialer Situationen oder in extremem Unbehagen bei der Interaktion mit anderen äußern, was die persönliche und soziale Entwicklung noch weiter behindert.

-Substanzgebrauchsstörung (SUD): Diese Störung tritt häufig zusammen mit einer abhängigen Persönlichkeitsstörung auf, was die Komplikation noch verstärkt. Personen, die an DPD leiden, greifen möglicherweise auf Substanzen zurück, um mit ihrer emotionalen Abhängigkeit und Unsicherheit umzugehen.

Die Symptome von DPD können durch Substanzkonsum verdeckt werden, was die Diagnose und Behandlung der zugrunde liegenden Persönlichkeitsstörung erschwert.

 Für einen erfolgreichen Genesungsprozess ist es entscheidend, beide Erkrankungen gleichzeitig zu behandeln.

-Borderline-Persönlichkeitsstörung (BPD): Eine weitere gleichzeitig auftretende Störung, die das klinische Bild komplizieren kann, ist die Borderline-Persönlichkeitsstörung (BPD). DPD und BPD verursachen beide Schwierigkeiten in zwischenmenschlichen Beziehungen, äußern sich jedoch auf unterschiedliche Weise. Während sich DPD durch

ein unterwürfiges und anhängliches Verhalten
auszeichnet, zeichnet sich BPD durch intensive und
volatile Beziehungen aus. Das Zusammenspiel dieser
Störungen erfordert einen differenzierten Ansatz, der
die jeweiligen Herausforderungen berücksichtigt.

**-Aufmerksamkeitsdefizit-Hyperaktivitätsstörung
(ADHS):** Im Zusammenhang mit gleichzeitig
auftretenden Störungen mit DPD ist auch die
Aufmerksamkeitsdefizit-/Hyperaktivitätsstörung
relevant. Die für ADHS charakteristische Impulsivität
und Unaufmerksamkeit können die
Entscheidungsschwierigkeiten und den Bedarf an
externer Anleitung bei DPD verstärken. Ein umfassender
Behandlungsplan muss die Behandlung
aufmerksamkeitsbedingter Symptome mit den
Kernmerkmalen der DPD in Einklang bringen.

-Posttraumatische Belastungsstörung (PTBS): Es ist
wichtig, die potenziellen Auswirkungen von Traumata,
insbesondere der posttraumatischen Belastungsstörung,
im Bereich gleichzeitig auftretender Störungen zu
erkennen. Traumatische Ereignisse können zur
Entwicklung von DPD und PTSD beitragen und zu einem

komplizierten Zusammenspiel der Symptome führen. Die Auseinandersetzung mit der Traumageschichte ist entscheidend für das wirksame Verständnis und die Behandlung gleichzeitig auftretender Störungen.

Für einen umfassenden Behandlungsansatz bei gleichzeitig auftretenden Störungen mit DPD ist ein multidisziplinäres Team erforderlich. Personen mit DPD können von einer Psychotherapie, insbesondere einer kognitiven Verhaltenstherapie (CBT), profitieren, die ihnen dabei helfen kann, schlecht angepasste Denkmuster und Verhaltensweisen in Frage zu stellen und zu modifizieren. Eine medikamentöse Behandlung kann in Betracht gezogen werden, insbesondere wenn die gleichzeitig auftretende Störung Stimmungs- oder Angstsymptome umfasst.

Peer-Interventionen und Selbsthilfegruppen spielen eine wesentliche Rolle bei der Bewältigung der sozialen und zwischenmenschlichen Aspekte von DPD. Die Schaffung einer unterstützenden Gemeinschaft kann dazu beitragen, die isolierenden Tendenzen der DPD und gleichzeitig auftretende Störungen zu bekämpfen. Darüber hinaus können stressreduzierende Techniken wie Achtsamkeits- und Entspannungsübungen bei der allgemeinen Symptombewältigung helfen.

Zusammenfassend lässt sich sagen, dass das Verständnis und die Behandlung gleichzeitig auftretender Störungen im Kontext der abhängigen Persönlichkeitsstörung für eine umfassende und wirksame Behandlung von entscheidender Bedeutung sind. Aufgrund des komplexen Zusammenspiels zwischen DPD und anderen psychischen Erkrankungen ist ein maßgeschneiderter und ganzheitlicher Ansatz erforderlich, der Psychotherapie, Medikamentenmanagement und unterstützende Interventionen kombiniert. Fachkräfte für psychische Gesundheit können Menschen mit DPD dabei helfen, den Weg zu besserer Gesundheit und Unabhängigkeit zu finden, indem sie gleichzeitig auftretende Störungen erkennen und behandeln.

KAPITEL FÜNF

Risikofaktoren, die zur abhängigen Persönlichkeitsstörung beitragen

Die abhängige Persönlichkeitsstörung (DPD) ist eine komplexe psychische Erkrankung, die von einer Reihe von Faktoren beeinflusst wird. Das Verständnis der Risikofaktoren für die Entwicklung einer abhängigen Persönlichkeitsstörung ist für die Früherkennung, Prävention und wirksame Intervention von entscheidender Bedeutung. Hier ist ein detaillierterer Blick auf die Risikofaktoren:

1. Frühe Bindungserfahrungen:

Beschreibung: Die Qualität früher Bindungserfahrungen beeinflusst die Entwicklung von Persönlichkeitsmerkmalen wie etwa der Abhängigkeit. Personen, die inkonsistente Pflege erhalten, vernachlässigt werden oder übermäßig kontrollierende Pflegekräfte haben, haben möglicherweise ein höheres Risiko, an DPD zu erkranken.

Auswirkungen: Eine unsichere Bindung kann zu einer tiefen Angst vor Verlassenheit und übermäßiger Abhängigkeit von anderen im Hinblick auf emotionale Sicherheit führen. Diese frühen Beziehungen prägen die Erwartungen des Einzelnen an Beziehungen und prägen seine zwischenmenschliche Dynamik im Laufe seines Lebens.

2. Widrigkeiten und Traumata in der Kindheit:

Beschreibung: DPD kann durch traumatische Ereignisse oder negative Kindheitserlebnisse wie körperliche oder emotionale Misshandlung verschlimmert werden. Traumata können die Entwicklung gesunder Bewältigungsmechanismen beeinträchtigen und den Bedarf an externer Hilfe erhöhen.

Auswirkungen: Widrigkeiten in der Kindheit können zur Entwicklung maladaptiver Bewältigungsstrategien wie übermäßiger Abhängigkeit von anderen beitragen. DPD könnte sich für Traumaüberlebende als eine Möglichkeit entwickeln, Sicherheit und Stabilität in Beziehungen zu suchen.

3. Überfürsorgliche Erziehung

Beschreibung: Überfürsorgliche oder kontrollierende Eltern können unbeabsichtigt zur Entwicklung von DPD beitragen. Eine überfürsorgliche Erziehung verhindert, dass Kinder Autonomie und Entscheidungsfähigkeit entwickeln.

Auswirkungen: Personen, die in einem übermäßig beschützenden Umfeld aufwachsen, haben möglicherweise Schwierigkeiten mit der unabhängigen Entscheidungsfindung und verspüren erhöhte Angst, wenn sie mit der Entscheidungsfindung auf eigene Faust konfrontiert werden. Dies könnte bei den abhängigen Mustern, die bei DPD beobachtet werden, eine Rolle spielen.

4. Genetische und biologische Faktoren:

Beschreibung: Es gibt Hinweise auf eine genetische Komponente bei der Entwicklung von Persönlichkeitsstörungen, einschließlich DPD. Temperament- und Persönlichkeitsmerkmale, die die

Anfälligkeit für die Erkrankung erhöhen, können durch genetische Faktoren beeinflusst werden.

Auswirkungen: Obwohl die Genetik allein keine DPD verursacht, können sie die Neigung einer Person zu bestimmten Persönlichkeitsmerkmalen beeinflussen, die mit Abhängigkeit verbunden sind. Um die Persönlichkeitsentwicklung zu beeinflussen, interagieren Umweltfaktoren mit genetischen Veranlagungen.

5. Persönlichkeitsmerkmale:

Beschreibung: Bestimmte Persönlichkeitsmerkmale wie hoher Neurotizismus oder geringes Selbstwertgefühl können Risikofaktoren für DPD sein. Personen, die diese Merkmale aufweisen, können dazu neigen, maladaptive Abhängigkeitsmuster zu entwickeln.

Auswirkungen: Persönlichkeitsmerkmale tragen dazu bei, dass eine Person insgesamt anfällig für die Entwicklung spezifischer Persönlichkeitsstörungen ist. Beispielsweise kann eine erhöhte Empfindlichkeit gegenüber Ablehnung zu der starken Angst des DPD vor dem Verlassenwerden beitragen.

6. Soziale und kulturelle Faktoren:

Beschreibung: Soziale und kulturelle Erwartungen können einen Einfluss auf die Entstehung von Persönlichkeitsstörungen haben. Kulturelle Normen, die Kollektivismus gegenüber Individualismus bevorzugen, können zur Entwicklung abhängiger Merkmale beitragen.

Auswirkungen: Kulturelle und gesellschaftliche Erwartungen an zwischenmenschliche Beziehungen können die Überzeugungen und Verhaltensweisen von Menschen beeinflussen. Personen in Kulturen, die gegenseitige Abhängigkeit schätzen, neigen möglicherweise eher dazu, Abhängigkeitsmuster zu entwickeln, um gesellschaftliche Erwartungen zu erfüllen.

7. Gleichzeitig auftretende psychische Erkrankungen:

Beschreibung: Personen mit gleichzeitig auftretenden psychischen Erkrankungen wie Angstzuständen oder Stimmungsstörungen haben möglicherweise ein höheres Risiko, DPD zu entwickeln. Die Symptome dieser Erkrankungen können zu einem erhöhten Bedarf an externer Unterstützung und Beruhigung führen.

Auswirkungen: Psychische Gesundheitsprobleme interagieren häufig und beeinflussen sich gegenseitig. Komorbide Erkrankungen müssen bei der Behandlung von DPD berücksichtigt werden, da das Vorhandensein von Symptomen anderer Erkrankungen die Abhängigkeitsmuster verschlimmern kann.

8. Wichtige Lebensereignisse:

Beschreibung: Bedeutende Lebensereignisse, wie der Tod eines geliebten Menschen oder große Veränderungen im Leben, können DPD-Symptome auslösen oder verschlimmern. Diese Vorkommnisse könnten den Bedarf an externer Unterstützung und Bestätigung erhöhen.

Auswirkungen: Menschen, die große Veränderungen im Leben durchmachen, suchen in stressigen Zeiten möglicherweise die Unterstützung anderer. Um mit den emotionalen Herausforderungen, die mit bedeutenden Lebensereignissen einhergehen, umzugehen, können Abhängigkeitsmuster entstehen oder sich verstärken.

Das Verständnis dieser Risikofaktoren kann psychiatrischen Fachkräften, Betreuern und Einzelpersonen selbst helfen. Diese Risikofaktoren können durch frühzeitiges Eingreifen, unterstützende Umgebungen und gezielte Therapieansätze gemindert werden, die gesündere Muster der Unabhängigkeit und Eigenständigkeit fördern.

KAPITEL SECHS

Diagnose und Behandlung von DPD

Die abhängige Persönlichkeitsstörung (DPD) ist eine psychische Erkrankung, die durch ein überwältigendes Verlangen nach Fürsorge gekennzeichnet ist. Menschen mit DPD haben oft Schwierigkeiten, Entscheidungen zu treffen, benötigen ständige Bestätigung und haben Angst, verlassen zu werden. Die Diagnose und Behandlung von DPD erfordert einen ganzheitlichen Ansatz zum Verständnis und zur Behandlung der zugrunde liegenden Probleme, die zur Störung beitragen.

ABHÄNGIGE PERSÖNLICHKEITSSTÖRUNGSDIAGNOSE

DPD muss nach einer sorgfältigen und gründlichen Beurteilung von einem qualifizierten Psychologen diagnostiziert werden. Die folgenden Elemente sind typischerweise in den Prozess einbezogen:

1. Klinisches Interview: Ein klinisches Interview wird von einem Psychologen durchgeführt, um Informationen über die Symptome, die persönliche Vorgeschichte und die aktuellen Lebensumstände der Person zu sammeln. Dies hilft dabei, den Kontext zu verstehen, in dem sich die Symptome entwickelt haben.

2. Diagnosekriterien: Das Diagnostic and Statistical Manual of Mental Disorders (DSM-5) legt diagnostische Kriterien für abhängige Persönlichkeitsstörungen fest. Der Arzt stellt fest, ob die Person diese Kriterien erfüllt, zu denen übermäßiges Vertrauen in andere, Schwierigkeiten beim Treffen von Entscheidungen ohne Bestätigung und eine starke Angst vor dem Verlassenwerden gehören.

3. Schließen Sie alle anderen Bedingungen aus: Andere psychische Erkrankungen, die mit ähnlichen Symptomen einhergehen können, müssen ausgeschlossen werden. DPD kann mit anderen Störungen wie Angstzuständen oder Stimmungsstörungen koexistieren. Eine gründliche Untersuchung hilft bei der Unterscheidung zwischen primären und sekundären Symptomen.

4. Psychologische Tests: Psychologische Tests und Beurteilungen können eingesetzt werden, um ein besseres Verständnis der kognitiven und emotionalen

Funktionen einer Person zu erlangen. Diese Tests können helfen, die Diagnose zu unterstützen und die Behandlungsplanung zu unterstützen, indem sie zusätzliche Informationen liefern.

5. Informationen zu Sicherheiten: Informationen aus sekundären Quellen, etwa von Familienmitgliedern oder engen Freunden, können berücksichtigt werden, um ein umfassenderes Verständnis des Verhaltens und der Beziehungen des Einzelnen zu erlangen. Dies kann wertvolle Erkenntnisse darüber liefern, wie sich DPD auf verschiedene Aspekte des Lebens einer Person auswirkt.

Wie man eine abhängige Persönlichkeitsstörung behandelt

Nach einer DPD-Diagnose zielt die Behandlung darauf ab, die Kernsymptome zu bekämpfen, die allgemeine Funktionsfähigkeit zu verbessern und die Unabhängigkeit zu fördern. Bei der Behandlung der abhängigen Persönlichkeitsstörung kommen häufig folgende Therapieansätze zum Einsatz:

1. Psychotherapie: CBT ist eine beliebte Behandlungsoption für DPD. Der Schwerpunkt liegt auf der Identifizierung und Bekämpfung maladaptiver

Denkmuster und Verhaltensweisen im Zusammenhang mit Sucht. Der Einzelne lernt, verzerrtes Denken zu erkennen und zu korrigieren, unabhängige Entscheidungen zu treffen und sein Selbstwertgefühl zu steigern.

2. Psychodynamische Therapie: In der psychodynamischen Therapie werden unbewusste Muster und Konflikte untersucht, die zu abhängigem Verhalten beitragen. Ziel ist es, das Selbstbewusstsein zu stärken, zugrunde liegende Probleme zu identifizieren und gesündere Bewältigungsmechanismen zu fördern. Die therapeutische Beziehung ist entscheidend für den Umgang mit Bindungsproblemen und die Förderung der Unabhängigkeit.

3. Achtsamkeitsbasierte Interventionen: Achtsamkeitspraktiken wie Meditation und Achtsamkeit können Menschen mit DPD helfen. Diese Praktiken helfen den Menschen, im gegenwärtigen Moment zu bleiben, Ängste vor der Zukunft abzubauen und ein Gefühl innerer Stabilität zu entwickeln.

4. Training sozialer Kompetenzen: Der Schwerpunkt dieser Art von Training liegt auf der Entwicklung zwischenmenschlicher Fähigkeiten und

Durchsetzungsvermögen. Menschen mit DPD haben häufig Schwierigkeiten, ihre Bedürfnisse und Wünsche auszudrücken. Das Training sozialer Kompetenzen hilft bei der Entwicklung effektiver Kommunikationsstrategien und verringert die Abhängigkeit von anderen bei der Entscheidungsfindung.

5. Allmähliche Belichtung: Bei der schrittweisen Enthüllung geht es darum, sich den mit der Unabhängigkeit verbundenen Ängsten schrittweise zu stellen und diese zu überwinden. Therapeuten arbeiten mit Einzelpersonen zusammen, um eine Abfolge immer schwierigerer Situationen zu schaffen. Dieser methodische Ansatz ermöglicht es dem Einzelnen, nach und nach Selbstvertrauen und Autonomie zu erlangen.

6. Medikamente: Obwohl kein spezifisches Medikament gegen DPD zugelassen ist, kann eine Pharmakotherapie in Betracht gezogen werden, um gleichzeitig auftretende Symptome wie Angstzustände oder Depressionen zu behandeln. Unter Aufsicht eines Psychiaters können Antidepressiva oder angstlösende Medikamente verschrieben werden.

7. Unterstützende Gruppentherapie:
Gruppentherapie ermöglicht es Personen mit DPD, mit anderen in Kontakt zu treten, die ähnliche Situationen durchmachen. Es bietet eine sichere Umgebung, in der man soziale Fähigkeiten üben, Feedback erhalten und Einblicke aus verschiedenen Perspektiven gewinnen kann.

8. Familientherapie: Die Einbeziehung von Familienmitgliedern in die Therapie kann von Vorteil sein, insbesondere wenn die Familiendynamik zur DPD beiträgt oder von ihr beeinflusst wird. Die Familientherapie konzentriert sich auf Kommunikationsmuster, Grenzen und Möglichkeiten, Einzelpersonen bei der Entwicklung ihrer Unabhängigkeit zu unterstützen.

9. Zielsetzung und -erreichung: Zielsetzung ist ein wesentlicher Bestandteil der DPD-Behandlung. Das gemeinsame Setzen realistischer und erreichbarer Ziele trägt dazu bei, dass der Einzelne Erfolgserlebnisse und Selbstwirksamkeit entwickelt. Therapeuten leiten den Prozess und stellen sicher, dass die Ziele mit den Werten und Zielen des Einzelnen übereinstimmen.

Herausforderungen in der Behandlung

1. Unabhängigkeit des Widerstands: Personen mit DPD können sich zunächst aus Angst, verlassen zu werden, den Bemühungen zur Förderung der Unabhängigkeit widersetzen. Therapeuten bauen nach und nach Vertrauen auf und schaffen ein unterstützendes Umfeld, in dem Autonomie gefördert wird.

2. Untersuchung der zugrunde liegenden Probleme: Es kann schwierig sein, zugrunde liegende Probleme wie Bindungsmuster und vergangene Traumata zu erkennen und anzugehen. Therapeuten navigieren durch diese empfindlichen Gewässer, um Heilung und Verständnis zu fördern.

3. Motivation aufrechterhalten: Es ist wichtig, die Motivation für Veränderungen aufrechtzuerhalten. Therapeuten nutzen Strategien zur Motivationssteigerung und betonen dabei die Vorteile einer größeren Unabhängigkeit und Lebensqualität.

4. Umgang mit gleichzeitig auftretenden Erkrankungen: Viele Menschen mit DPD haben gleichzeitig auftretende psychische Probleme. Um umfassende und langfristige Verbesserungen zu erzielen, muss eine wirksame Behandlung zusätzlich zur DPD auch diese Erkrankungen berücksichtigen.

Zusammenfassend lässt sich sagen, dass die abhängige Persönlichkeitsstörung eine komplizierte Störung ist, die einen vielschichtigen Ansatz für Diagnose und Behandlung erfordert. Positive Ergebnisse können durch eine Kombination aus Psychotherapie, Achtsamkeitsübungen, Training sozialer Kompetenzen und Einbindung der Familie erzielt werden. Einzelpersonen werden im Rahmen des therapeutischen Prozesses in die Lage versetzt, unabhängige Entscheidungen zu treffen, Selbstvertrauen aufzubauen und gesunde Beziehungen zu pflegen. Menschen mit DPD können durch die Zusammenarbeit zwischen ihnen und ihren psychiatrischen Fachkräften eine größere Autonomie und ein erfüllteres Leben erreichen.

KAPITEL SIEBEN

Strategien kopieren

Der Umgang mit einer abhängigen Persönlichkeitsstörung erfordert zahlreiche Strategien, die sich mit den Kernproblemen übermäßiger Abhängigkeit und der daraus resultierenden Angst vor Unabhängigkeit befassen.

Menschen mit DPD haben häufig Probleme mit der Entscheidungsfindung, der Aufrechterhaltung einer Beziehung und der Förderung der Unabhängigkeit. Die Umsetzung effektiver Bewältigungsstrategien kann ihre Lebensqualität verbessern und die persönliche Entwicklung fördern.

Hier werden wir die verschiedenen Bewältigungsmechanismen untersuchen, die auf die spezifischen Bedürfnisse von Personen mit abhängiger Persönlichkeitsstörung zugeschnitten sind.

Die folgenden Bewältigungsmechanismen können nützlich sein, wenn Sie mit einer abhängigen Persönlichkeitsstörung leben:

- **Fangen Sie an, Dinge alleine zu tun:** Es ist hilfreich, sich nach und nach herauszufordern, Dinge alleine zu erledigen, beginnend mit einfacheren Herausforderungen und dann zu schwierigeren überzugehen. Sie könnten zum Beispiel damit beginnen, alleine Lebensmittel einzukaufen, und sich dann langsam hocharbeiten, bis Sie alleine in einem Restaurant etwas essen.

- **Nehmen Sie an körperlichen Aktivitäten teil:** Es kann von Vorteil sein, mit dem Training zu beginnen und sich jeden Tag ein bisschen mehr anzustrengen. Zu wissen, dass Sie Ihre körperlichen und geistigen Grenzen überschreiten können, kann Ihnen das Gefühl geben, stärker und leistungsfähiger zu sein.

- **Arbeiten Sie an der Unabhängigkeit:** Untersuchen Sie Ihre Beziehungen zu Ihren Lieben und identifizieren Sie die Art und Weise, in der Sie von anderen abhängig sind. Lernen Sie Schritt für Schritt, ohne ihre Hilfe unabhängig zu sein. Versuchen Sie, jede Woche oder jeden Monat eine Aufgabe zu übernehmen, die jemand anderes für Sie erledigt.

- **Fangen Sie an, sich selbst zu vertrauen:** Beginnen Sie, sich selbst zu vertrauen, indem Sie auf Ihre Gedanken, Gefühle und Instinkte achten. Bevor Sie bei einer Entscheidung die Meinung anderer einholen, denken Sie über sie nach und achten Sie darauf, wie Sie sich fühlen. Vertrauen Sie Ihren Instinkten und haben Sie Vertrauen in Ihre Fähigkeit, mit jedem Ergebnis umzugehen.

- **Therapie und Beratung:** Die Teilnahme an einer Psychotherapie, insbesondere einer kognitiven Verhaltenstherapie (CBT) oder

einer dialektischen Verhaltenstherapie (DBT),
kann äußerst hilfreich sein. Diese Therapien
helfen Einzelpersonen dabei, negative
Gedankenmuster zu erkennen und zu ändern
sowie gesündere Bewältigungsmechanismen
zu entwickeln.

- **Prüfen Sie Ihren Genehmigungsbedarf**:
  Denken Sie daran, dass es nicht dasselbe ist,
  Zustimmung zu mögen und sie zu genießen, als
  dass man die Zustimmung anderer braucht, um
  zu funktionieren.

- **Durchsetzungsvermögenstraining:** Um die
  Abhängigkeit zu überwinden, ist es wichtig zu
  lernen, seine Bedürfnisse und Meinungen
  selbstbewusst auszudrücken. Dazu gehört das
  Erlernen effektiver
  Kommunikationsfähigkeiten, um Ihre
  Gedanken und Gefühle klar zu vermitteln, ohne
  passiv oder aggressiv zu sein.

- **Grenzen festlegen:** Es ist wichtig, gesunde
  Grenzen festzulegen und aufrechtzuerhalten.
  Menschen mit DPD haben häufig
  Schwierigkeiten, Grenzen zu setzen. Daher ist
  es wichtig zu lernen, Nein zu sagen, persönliche

Grenzen auszudrücken und der Selbstfürsorge
Priorität einzuräumen.

- **Entwickeln Sie effektive Fähigkeiten zur
  Problemlösung:** Das Erlernen effektiver
  Fähigkeiten zur Problemlösung kann die
  Autonomie stärken. Dabei geht es darum,
  Probleme in überschaubare Schritte zu
  zerlegen, Alternativen zu bewerten und
  Lösungen umzusetzen.

- **Medikamentenmanagement:** In einigen
  Fällen können Medikamente zur Behandlung
  von Angst- oder Depressionssymptomen im
  Zusammenhang mit DPD verschrieben werden.
  Die Konsultation eines Psychiaters kann dabei
  helfen, festzustellen, ob Medikamente eine
  praktikable Option sind.

Es ist wichtig zu bedenken, dass die
Bewältigungsstrategien von Person zu Person
unterschiedlich sind und ein maßgeschneiderter Ansatz
oft am effektivsten ist. Für die Entwicklung eines
umfassenden Plans zur Behandlung einer abhängigen
Persönlichkeitsstörung ist die Inanspruchnahme
professioneller Beratung und Unterstützung
unerlässlich.

KAPITEL ACHT

Bewusstsein schaffen

Die Entwicklung des Selbstbewusstseins ist ein wichtiger Teil des Therapieprozesses für Menschen mit DPD. Dabei geht es darum, die Auslöser zu identifizieren, die zu abhängigem Verhalten beitragen, wie zum Beispiel:

Stressiges Lebensereignis: Belastende Lebensereignisse können abhängiges Verhalten auslösen oder verschlimmern. Um diese Auslöser zu erkennen, müssen Situationen erkannt werden, in denen Stress das Bedürfnis nach Bestätigung oder Unterstützung erhöht. Dazu können erhebliche Veränderungen im Leben, arbeitsbedingter Stress oder persönliche Schwierigkeiten gehören.

Konflikt und Meinungsverschiedenheit: Konflikte und Meinungsverschiedenheiten können als Auslöser für abhängiges Verhalten dienen. Personen mit DPD haben möglicherweise Schwierigkeiten, sich zu behaupten oder unterschiedliche Standpunkte zu äußern, um Ablehnung oder Verlassenheit zu vermeiden. Um diesen Auslöser zu erkennen, müssen die Reaktionen bei Konflikten reflektiert werden.

Wahrgenommene Ablehnung: DPD ist durch die Angst vor Ablehnung gekennzeichnet, und wahrgenommene Ablehnung kann abhängiges Verhalten auslösen. Um diesen Auslöser zu erkennen, muss man verstehen, wie die Empfindlichkeit gegenüber wahrgenommener Ablehnung Gedanken und Handlungen beeinflusst, beispielsweise die Suche nach ständiger Bestätigung, um Ablehnungsgefühle zu lindern.

Veränderung in Beziehungen: Als Auslöser können Beziehungsveränderungen wie der Rückzug eines Freundes oder das Bemühen des Partners um Unabhängigkeit wirken. Um dies zu erkennen, muss man sich der emotionalen Reaktionen auf Veränderungen in Beziehungen sowie des daraus resultierenden Wunsches nach mehr Sicherheit bewusst sein.

Einsamkeit oder Isolation: Personen, die Verbindung und Unterstützung suchen, können abhängig werden, wenn sie isoliert oder einsam sind. Um diesen Auslöser zu erkennen, müssen Momente erhöhter Abhängigkeit in Zeiten der Isolation erkannt und die Rolle dieser

Verhaltensweisen bei der Bewältigung der Einsamkeit verstanden werden.

Entscheidungsfindung und Unsicherheit:
Unsicherheit oder die Notwendigkeit, unabhängige Entscheidungen zu treffen, können starke Motivatoren für abhängiges Verhalten sein. Um dies zu erkennen, muss man sich des Unbehagens oder der Angst bewusst sein, die mit der Entscheidungsfindung einhergeht, und sich dabei auf die Führung anderer verlassen.

Entwicklung von Strategien zur Selbsterkenntnis

Achtsamkeitspraktiken:

Meditation und Achtsamkeit können beispielsweise Menschen mit DPD dabei helfen, sich ihrer Gedanken und Gefühle bewusster zu werden. Achtsamkeit fördert die Fähigkeit, Abhängigkeitsmuster zu beobachten, ohne sofort ein Urteil zu fällen, und steigert dadurch die Selbstwahrnehmung.

Tagebuch schreiben:

Personen, die ein Tagebuch führen, können ihre Gedanken, Gefühle und Verhaltensweisen verfolgen.

Regelmäßiges Nachdenken über Tagebucheinträge kann Abhängigkeitsmuster aufdecken und dabei helfen, Auslöser zu identifizieren. Durch die Bereitstellung einer greifbaren Aufzeichnung von Erfahrungen fördert dieser Prozess das Selbstbewusstsein.

Therapeutische Interventionen:

Psychotherapie, insbesondere kognitive Verhaltenstherapie (CBT) und psychodynamische Therapie, ist eine Voraussetzung für die Entwicklung des Selbstbewusstseins. Therapeuten unterstützen Einzelpersonen bei der Erforschung von Abhängigkeitsmustern, identifizieren Auslöser und entwickeln gesündere Bewältigungsmechanismen.

Übungen zur Selbstreflexion:

Übungen zur Selbstreflexion, wie zum Beispiel das Schreiben über persönliche Stärken und Herausforderungen, können dazu beitragen, dass Einzelpersonen selbstbewusster werden. Einzelpersonen sind in der Lage zu untersuchen, wie sich Abhängigkeitsmuster auf ihr Leben auswirken, und Möglichkeiten für Wachstum und Veränderung zu erkennen.

Selbsthilfegruppen:

Personen mit DPD, die an Selbsthilfegruppen teilnehmen, haben die Möglichkeit, ihre Erfahrungen auszutauschen und von anderen zu lernen, die vor ähnlichen Herausforderungen stehen. Während Einzelpersonen über gemeinsame Erfahrungen und Perspektiven nachdenken, fördern Gruppendiskussionen das Selbstbewusstsein.

Allmähliche Belichtung:

Einzelpersonen können sich mit ihren Reaktionen auseinandersetzen und sie verstehen, wenn sie nach und nach Situationen ausgesetzt werden, die abhängiges Verhalten auslösen. Therapeuten unterstützen Patienten dabei, sich schrittweise mit Auslösern auseinanderzusetzen, Widerstandsfähigkeit zu entwickeln und anpassungsfähigere Reaktionen zu entwickeln.

Zusammenfassend lässt sich sagen, dass die Entwicklung des Selbstbewusstseins bei abhängiger Persönlichkeitsstörung eine gründliche Untersuchung ungesunder Abhängigkeitsmuster sowie die Identifizierung von Auslösern erfordert, die zu abhängigem Verhalten beitragen. Einzelpersonen können durch Achtsamkeitsübungen, Tagebuchführung, therapeutische Interventionen, Selbstreflexionsübungen und Selbsthilfegruppen wertvolle Einblicke in ihre

Gedanken, Gefühle und Verhaltensweisen gewinnen. Selbstbewusstsein ist die Grundlage für persönliches Wachstum und ermöglicht es Menschen mit DPD, Beziehungen unabhängiger zu meistern und ein stärkeres Selbstbewusstsein zu entwickeln. Menschen, die sich ihrer Muster und Auslöser bewusster werden, können daran arbeiten, gesündere Beziehungen zu fördern und ihr allgemeines Wohlbefinden zu verbessern.

KAPITEL NEUN

Selbstwertgefühl entwickeln

Eine abhängige Persönlichkeitsstörung (DPD) kann erhebliche Auswirkungen auf das Selbstwertgefühl haben. Daher ist es wichtig, an der Entwicklung eines positiven Selbstbildes zu arbeiten. In diesem Kapitel werden wirksame Strategien untersucht, wobei der Schwerpunkt auf dem Erkennen persönlicher Stärken und dem Setzen und Erreichen kleiner Ziele liegt.

Persönliche Stärken erkennen

-**Selbstreflexion:** Beginnen Sie mit einer regelmäßigen Selbstreflexion. Erkennen und schätzen Sie Ihre besonderen Qualitäten, Talente und Leistungen. Dieser Prozess hilft bei der Entwicklung eines positiven Selbstbildes.

-**Stärkenbewertung:** Führen Sie eine Stärkenbewertung durch, um Bereiche zu identifizieren, in denen Sie sich auszeichnen. Das Erkennen der eigenen Stärken, sei es in den zwischenmenschlichen Fähigkeiten, der Kreativität oder der Problemlösungsfähigkeit, trägt zu einem stärkeren Selbstbewusstsein bei.

-**Affirmationen:** Integrieren Sie positive Affirmationen in Ihren Alltag. Wiederholen Sie Sätze wie „Ich bin belastbar und fähig und stehe Herausforderungen mit Mut und Entschlossenheit gegenüber."

 Diese Praxis hat das Potenzial, negative Gedankenmuster im Laufe der Zeit umzugestalten.

Kleine Ziele setzen und erreichen

1. SMART-Ziele:

Definieren Sie konkrete Ziele, z. B. „Zeitmanagementfähigkeiten verbessern".

Legen Sie Metriken fest, z. B. „Aufgaben innerhalb bestimmter Zeitrahmen abschließen".

Erreichbar: Stellen Sie sicher, dass Ihre Ziele realistisch und erreichbar sind.

Relevant: Richten Sie Ihre Ziele an Ihren persönlichen Werten und langfristigen Zielen aus.

Zeitgebunden: Legen Sie Fristen für die Erreichung jedes Ziels fest.

2. Klein anfangen:

Beginnen Sie mit kleinen, leicht erreichbaren Zielen. Der Erfolg bei diesen anfänglichen Unternehmungen stärkt das Selbstvertrauen und motiviert den Einzelnen, in Zukunft schwierigere Aufgaben zu übernehmen.

Das erste Ziel besteht darin, eine tägliche Aufgabe zu erledigen, ohne übermäßige Bestätigung zu suchen.

Treffen Sie eine unabhängige Entscheidung und denken Sie dann über das positive Ergebnis nach.

3. Erfolge feiern: Jede Errungenschaft, egal wie groß oder klein, sollte gefeiert werden. Das Erkennen und Anerkennen von Erfolgen, egal wie gering diese auch sein mögen, trägt dazu bei, ein positives Selbstbild zu stärken.

Erkennen Sie selbst die kleinsten Erfolge an, um positives Verhalten zu verstärken.

Eine Aufgabe zu erledigen, ohne ständig nach Bestätigung zu suchen, ist eine bedeutende Leistung.

4. Allmählicher Fortschritt: Wenn das Selbstwertgefühl wächst, erhöhen Sie schrittweise die Komplexität der Ziele. Dieser schrittweise Ansatz beugt überwältigenden Gefühlen vor und sorgt für eine gleichmäßige persönliche Entwicklung.

Erhöhen Sie die Komplexität der Ziele schrittweise.

Gehen Sie beispielsweise von kleinen unabhängigen Entscheidungen zur Leitung eines Gruppenprojekts über.

Der Aufbau des Selbstwertgefühls bei Menschen mit abhängiger Persönlichkeitsstörung erfordert einen vielschichtigen Ansatz. Einzelpersonen können ein positives Selbstbild entwickeln und die Herausforderungen des Lebens mit mehr Selbstvertrauen und Belastbarkeit meistern, indem sie persönliche Stärken erkennen, SMARTe Ziele setzen und zusätzliche Strategien integrieren. Denken Sie daran, dass der Fortschritt zwar langsam sein mag, jeder Schritt nach vorne jedoch ein Sieg ist, der es wert ist, gefeiert zu werden.

KAPITEL ZEHN

Unabhängig werden

Normalerweise ist eine Kombination aus Selbstreflexion, therapeutischen Interventionen und praktischen Änderungen des Lebensstils erforderlich, um die abhängige Persönlichkeitsstörung (DPD) zu überwinden und Unabhängigkeit zu entwickeln.

 Dies ist ein umfassender Leitfaden, der Ihnen dabei hilft, unabhängig zu werden:

1. Anerkennung und Annahme: Geben Sie zu, dass es schwierig ist, abhängig zu sein.

Erkennen Sie, dass Veränderungen schrittweise erfolgen, und üben Sie Geduld mit sich selbst.

2. Selbsterforschung:

Identifizieren Sie Abhängigkeitsauslöser

Erkennen Sie die Beziehungen oder Situationen, die zur Abhängigkeit führen.

Erkennen Sie die zugrunde liegenden Gefühle und Gedanken, die mit der Abhängigkeit einhergehen.

3. Untersuchen Sie Ihre persönlichen Werte:

Definieren Sie Ihre Überzeugungen und Werte selbst, ohne Bezug auf andere Menschen.

Versuchen Sie, Ihr Leben im Einklang mit diesen Werten zu leben, indem Sie darüber nachdenken, was Ihnen am wichtigsten ist.

4. Durchsetzungsvermögen entwickeln:

Um Ihre Bedürfnisse und Meinungen selbstbewusst zu äußern, lernen Sie Durchsetzungstechniken.

Üben Sie, „Nein" zu sagen, wenn es nötig ist und ohne Schuldgefühle.

5. Übernahme von Verantwortung:

Übernehmen Sie nach und nach neue Aufgaben in verschiedenen Lebensbereichen.

Streben Sie danach, ein unabhängiger Entscheidungsträger zu sein.

6. Achtsamkeit und Stressmanagement:

Machen Sie Atemübungen und Achtsamkeitsmeditation.

Um mit Ängsten umzugehen, üben Sie Strategien zur Stressreduzierung.

7. Soziale Unterstützung und gesunde Beziehungen:

Pflegen Sie gesunde Beziehungen, die Ihre Unabhängigkeit stärken.

Umgeben Sie sich mit Menschen, die Ihre persönliche Entwicklung unterstützen.

Treten Sie Selbsthilfegruppen bei, um Kontakte zu Menschen zu knüpfen, die ähnliche Probleme haben.

Besprechen Sie Ihre Erfahrungen und gewinnen Sie Einblicke in die Reisen der anderen.

8. Feiern Sie Ihre Unabhängigkeit und denken Sie über Ihre Fortschritte nach:

Bewerten Sie regelmäßig Ihre Fortschritte in der Unabhängigkeit.

Feiern Sie Ihre Erfolge und wichtigen Meilensteine.

9. Professionelle Beratung:

Um den Fortschritt zu verfolgen, wenden Sie sich regelmäßig an Spezialisten für psychische Gesundheit.

Passen Sie therapeutische Interventionen nach Bedarf an.

10. Entscheidungen für einen gesunden Lebensstil:

Machen Sie körperliches Wohlbefinden durch regelmäßige Bewegung und eine ausgewogene Ernährung zur Priorität.

Stellen Sie sicher, dass Sie ausreichend Schlaf bekommen, um die emotionale Stabilität aufrechtzuerhalten.

11. Bewusstheit bewahren und anpassen:

Bewerten Sie die Taktik regelmäßig und nehmen Sie die erforderlichen Anpassungen vor.

Seien Sie sich möglicher Fehler bewusst und ziehen Sie Lehren daraus.

Denken Sie daran, dass die Überwindung einer abhängigen Persönlichkeitsstörung ein Weg ist, der Engagement und Selbstmitgefühl erfordert. Die schrittweise Umsetzung dieser Strategien kann zu mehr Unabhängigkeit und allgemeinem Wohlbefinden führen.

KAPITEL 11

Achtsamkeitsübungen

Achtsamkeitsübungen können wirksame Hilfsmittel für Personen sein, die mit einer abhängigen Persönlichkeitsstörung (DPD) zu kämpfen haben.

Hier sind sechs Achtsamkeitsübungen, die Ihnen helfen, die abhängige Persönlichkeitsstörung zu überwinden:

1. Atembewusstsein:

Atembewusstsein ist eine einfache, aber effektive Achtsamkeitsübung, die bei der Behandlung einer abhängigen Persönlichkeitsstörung hilfreich sein kann.

Folge diesen Schritten:

Wählen Sie einen ruhigen und bequemen Ort, an dem Sie nicht gestört werden.

Setzen oder legen Sie sich in eine Position, die für Sie bequem ist. Wenn Sie sitzen, achten Sie darauf, dass Ihr Rücken gerade ist und Ihre Hände bequem aufliegen.

Wenn Sie möchten, schließen Sie die Augen, um Ablenkungen von außen zu vermeiden.

Achten Sie auf Ihren Atem. Achten Sie auf das Gefühl bei jedem Ein- und Ausatmen.

Spüren Sie die sanfte Ausdehnung und Kontraktion Ihres Bauches oder das Heben und Senken Ihrer Brust.

Beobachten Sie Ihren Atem ohne Urteil. Wenn Ihre Gedanken abschweifen, kehren Sie sanft zu Ihrem Atem zurück.

Zählen Sie die Atemzyklen, indem Sie langsam bis vier einatmen und langsam bis sechs ausatmen.

Passen Sie die Anzahl so an, dass Sie sich wohl fühlen, und achten Sie darauf, dass das Ausatmen länger ist als das Einatmen.

Achten Sie auf jeden Atemzug und achten Sie auf das Gefühl bei jedem Ein- und Ausatmen.

Wenn ablenkende Gedanken auftauchen, erkennen Sie sie an und konzentrieren Sie sich wieder auf Ihren Atem.

Stellen Sie sich nun vor, wie Sie beim Ausatmen mit jedem Ausatmen Anspannung und Stress abbauen.

Erlauben Sie Ihrem Körper, sich mit jedem Atemzug allmählich zu entspannen.

Aktivieren Sie Ihre Sinne, indem Sie das kühle Gefühl beim Einatmen und das warme Gefühl beim Ausatmen beobachten.

Seien Sie unabhängig von Gerüchen oder Geräuschen in Ihrer Umgebung.

Konzentrieren Sie sich nach ein paar Minuten allmählich wieder auf Ihre Umgebung.

Öffne deine Augen, wenn du sie geschlossen hättest.

Diese Übung zur Atemwahrnehmung fördert Ruhe und Präsenz. Regelmäßiges Üben kann Menschen, die an einer abhängigen Persönlichkeitsstörung leiden, zugute kommen, indem es das Selbstbewusstsein steigert, Ängste abbaut und ein größeres Gefühl innerer Stabilität kultiviert. Konstanz ist wichtig. Versuchen Sie daher, diese Übung in Ihren Alltag zu integrieren, um die besten Ergebnisse zu erzielen.

2. Body-Scan-Meditation:

Dies ist eine Achtsamkeitsübung, die Selbstwahrnehmung und Entspannung fördert. Es kann besonders hilfreich für Personen sein, die eine abhängige Persönlichkeitsstörung überwinden.

Folge diesen Schritten:

Legen Sie sich auf den Rücken oder sitzen Sie in einer entspannten und bequemen Position.

Wenn Sie sich wohl fühlen, schließen Sie die Augen, um sich mehr auf die Körperempfindungen zu konzentrieren.

Atmen Sie zunächst ein paar Mal tief durch, um sich zu zentrieren. Atmen Sie langsam durch den Mund aus und langsam durch die Nase ein.

Konzentrieren Sie Ihre Aufmerksamkeit auf Ihre Zehen. Achten Sie auf alle Empfindungen wie Spannung oder Wärme. Wenn Sie eine Anspannung verspüren, atmen Sie langsam und bewusst aus.

Lenken Sie Ihre Aufmerksamkeit langsam auf die Fußsohlen. Spüren Sie die Verbindung zur Erde. Beobachten Sie alle Empfindungen, ohne ein Urteil zu fällen.

Bewegen Sie Ihre Aufmerksamkeit langsam Ihren Körper hinauf und scannen Sie nacheinander jeden Teil – Knöchel, Waden, Knie, Oberschenkel und so weiter.

Erkennen Sie alle Empfindungen, und wenn Sie Spannungsbereiche bemerken, atmen Sie hinein, damit sie sich entspannen können.

Achten Sie beim Atmen auf Ihren Bauchbereich. Spüren Sie das Heben und Senken mit jedem Atemzug.

Wenn Sie sich zu Ihrer Brust bewegen, bemerken Sie die sanfte Ausdehnung und Kontraktion.

Lenken Sie Ihre Aufmerksamkeit auf Ihre Finger, Hände, Unterarme und Oberarme.

Lassen Sie beim Ausatmen jegliche Anspannung los.

Scannen Sie als Nächstes Ihren Hals und Hals und gehen Sie dann zu Gesicht und Kopf über.

Nehmen Sie alle Empfindungen wahr und entspannen Sie Ihre Gesichtsmuskeln bewusst.

Nehmen Sie sich nach Abschluss des Scans einen Moment Zeit, um sich auf Ihren gesamten Körper zu konzentrieren.

Spüren Sie das Gefühl der Verbundenheit und Entspannung im ganzen Körper.

Kehren Sie nach und nach in einen aktiveren Zustand zurück, wenn Sie dazu bereit sind.

Bewegen Sie Ihre Finger und Zehen, und wenn Ihre Augen geschlossen sind, öffnen Sie sie.

Regelmäßige Bodyscan-Meditation kann jedem, der an einer abhängigen Persönlichkeitsstörung leidet, dabei helfen, ein gesteigertes Körperbewusstsein zu entwickeln, Spannungen abzubauen und eine stärkere Verbindung zu sich selbst aufzubauen. Um langfristige Vorteile zu erzielen, integrieren Sie diese Übung in Ihren Alltag.

3. Achtsame Gehübung:

Achtsames Gehen ist eine erdende Übung, die bei der Behandlung einer abhängigen Persönlichkeitsstörung hilfreich sein kann, indem sie das Bewusstsein für den gegenwärtigen Moment stärkt.

Folge diesen Schritten:

Wählen Sie einen ruhigen und sicheren Bereich zum Spazierengehen. Je nach Ihren Vorlieben kann es drinnen oder draußen sein.

Beginnen Sie damit, still zu stehen und tief zu atmen. Konzentrieren Sie sich auf den gegenwärtigen Moment.

Legen Sie für Ihren Spaziergang eine achtsame Absicht fest. „Ich werde zum Beispiel bei jedem Schritt voll präsent und bewusst sein."

Gehen Sie langsamer als üblich. Achten Sie bei jedem Schritt darauf, wie sich Ihr Körper bewegt.

Achten Sie auf die Empfindungen Ihrer Füße, wenn sie abheben, sich durch die Luft bewegen und den Boden berühren.

Anwesend sein. Nutzen Sie alle Ihre Sinne. Beachten Sie die Lufttemperatur, die Geräusche um Sie herum und alle Gerüche oder Texturen, die Ihnen begegnen.

Gehen Sie jeden Schritt zielstrebig und bewusst vor. Spüren Sie, wie Ihre Ferse den Boden berührt, wie Ihr Fuß abrollt und wie sich Ihre Zehen abstoßen.

Vermeiden Sie Ablenkungen, indem Sie elektronische Geräte wegräumen, und versuchen Sie, Ablenkungen auf ein Minimum zu beschränken. Dies ist eine Zeit intensiver Konzentration.

Erhöhen Sie mit der Zeit die Dauer und Tiefe Ihrer Meditationspraxis. Integrieren Sie diese Meditation in Ihren Alltag und sehen Sie, wie es funktioniert.

Beenden Sie mit Dankbarkeit. Atmen Sie ein paar Mal tief durch, um das Ende der Meditation zu signalisieren. Drücken Sie Ihre Dankbarkeit für die Praxis und die positive Energie aus, die Sie erzeugt haben.

Liebende-Güte-Meditation kann eine lebensverändernde Praxis für Menschen sein, die an einer abhängigen Persönlichkeitsstörung leiden. Es fördert das Gefühl innerer Stärke und Autonomie, indem es Selbstliebe, Mitgefühl und die Fähigkeit fördert, anderen gegenüber Freundlichkeit zu zeigen. Wenn Sie diese Meditation regelmäßig in Ihre Routine integrieren, können Sie sich emotional besser fühlen.

4. Dankbarkeitstagebuch:

Dankbarkeitstagebuch zu führen ist eine wunderbare Praxis, die Menschen dabei helfen kann, eine abhängige Persönlichkeitsstörung zu überwinden, indem sie ihre Aufmerksamkeit wieder auf die positiven Aspekte ihres Lebens lenkt.

Befolgen Sie für eine Dankbarkeitsjournal-Übung die folgenden Schritte:

Wählen Sie ein Tagebuch speziell für Ihre Dankbarkeitspraxis. Abhängig von Ihren Vorlieben kann es sich um ein physisches Notebook oder eine digitale Plattform handeln.

Nehmen Sie sich jeden Tag Zeit für Ihre Dankbarkeitsübungen. Dies kann morgens, vor dem Schlafengehen oder zu einer ruhigen Tageszeit sein.

Denken Sie an drei Dinge, für die Sie dankbar sind. Diese können einfach oder tiefgreifend sein und sich auf Ihr persönliches Leben, Ihre Beziehungen, Ihre Erfolge oder die Welt um Sie herum beziehen.

Seien Sie bei Ihren Eingaben möglichst konkret. Anstatt eine allgemeine Aussage zu machen wie „Ich bin dankbar für meine Familie", konzentrieren Sie sich auf eine bestimmte Interaktion oder einen bestimmten Aspekt, der Ihnen Freude bereitet.

Erklären Sie, warum Sie für jeden Dankbarkeitseintrag dankbar sind. Das stärkt die Bindung zu den positiven Erlebnissen.

Beziehen Sie Aspekte des persönlichen Wachstums oder der Selbstfindung ein, die zu Ihrem Weg zur Genesung von der Abhängigkeit beitragen.

Überprüfen Sie regelmäßig die vergangenen Einträge. Denken Sie darüber nach, wie sich Ihre Perspektive verändert hat und welche positiven Veränderungen Sie erlebt haben.

Verwenden Sie ein Dankbarkeitstagebuch, um negative Gedanken zu bekämpfen. Denken Sie auch im Angesicht von Widrigkeiten darüber nach, wofür Sie noch dankbar sein können.

Feiern Sie kleine Siege und Erfolge. Erkennen Sie Ihre Fortschritte, egal wie gering sie sind.

Wenn Sie möchten, teilen Sie positive Erfahrungen aus Ihrem Dankbarkeitstagebuch mit vertrauenswürdigen Freunden oder der Familie. Dies kann dazu beitragen, soziale Bindungen zu stärken.

Geben Sie Ihrer Dankbarkeitspraxis Zeit, sich anzupassen und weiterzuentwickeln. Fügen Sie gerne Zeichnungen, Zitate oder andere Elemente hinzu, um Ihr Tagebuch zu personalisieren.

Konsistenz ist wichtig. Machen Sie daher das Führen eines Dankbarkeitstagebuchs zu einem festen Bestandteil Ihrer Routine. Die Vorteile werden in der Regel durch konsequente Praxis realisiert.

Dankbarkeitstagebücher können Ihnen dabei helfen, Ihren Fokus auf die positiven Aspekte des Lebens zu richten und eine Haltung der Fülle und Wertschätzung zu entwickeln. Diese Praxis kann im Laufe der Zeit zu einer erhöhten Belastbarkeit und einer positiveren Einstellung führen und dabei helfen, die abhängige Persönlichkeitsstörung zu überwinden.

5. Übung zum Gedankensurfen:

Gedankensurfen ist eine Achtsamkeitsübung, bei der man seine Gedanken beobachtet, ohne sich in ihnen zu verstricken. Personen, die eine abhängige Persönlichkeitsstörung überwinden, können von dieser Praxis profitieren.

Folge diesen Schritten:

Wählen Sie einen ruhigen und bequemen Ort, an dem Sie sitzen oder liegen können, ohne abgelenkt zu werden.

Schließen Sie die Augen, wenn es Ihnen hilft, sich zu konzentrieren. Atmen Sie ein paar Mal tief durch, um sich im gegenwärtigen Moment zu erden.

Stellen Sie sich Ihre Gedanken als Meereswellen vor. Beobachten Sie, wie sie auf natürliche Weise steigen und fallen.

Beginnen Sie damit, Ihre Gedanken objektiv zu beobachten. Erlaube ihnen, wie Wellen auf der Meeresoberfläche zu kommen und zu gehen.

Wenn die Gedanken auftauchen, benennen Sie sie einfach, ohne sich mit dem Inhalt auseinanderzusetzen. Zum Beispiel „Planen", „Sich Sorgen machen" oder „Erinnern".

Behalten Sie Distanz, indem Sie Ihre Gedanken von sich selbst trennen. Sie sind der Beobachter, nicht der Inhalt des Gedankens.

Erkennen Sie die Flüchtigkeit jedes Gedankens an. Erkennen Sie, dass sich Gedanken wie Wellen auf natürliche Weise auflösen.

Wenn sich Ihr Geist zu sehr auf einen Gedanken konzentriert, lenken Sie Ihre Aufmerksamkeit sanft wieder auf Ihren Atem. Bleiben Sie im gegenwärtigen Moment, indem Sie sich auf Ihre Atmung konzentrieren.

Erweitern Sie nach und nach Ihr Bewusstsein, um körperliche Empfindungen und Ihre Umgebung einzubeziehen. Spüren Sie Ihre Atmung, die Temperatur im Raum und alle Geräusche.

Üben Sie das Loslassen, wenn Sie merken, dass Sie sich emotional an einen Gedanken binden. Stellen Sie sich den Gedanken wie eine Welle vor, die in den weiten Ozean zurückweicht.

Wenn Ihr Geist wieder aktiv wird, nehmen Sie Ihre Gedankensurfübung wieder auf. Wiederholung ist notwendig, um einen Zustand der achtsamen Beobachtung aufrechtzuerhalten.

Wenn Sie mit der Übung fertig sind, nehmen Sie sich einen Moment Zeit, um darüber nachzudenken. Beachten Sie alle Veränderungen in Ihrem Bewusstsein oder emotionalen Zustand.

Thought-Surfing hilft Menschen, die an einer abhängigen Persönlichkeitsstörung leiden, dabei, einen achtsamen und nicht reaktiven Umgang mit ihren Gedanken zu entwickeln. Diese Praxis kann zu einem größeren Gefühl geistiger Freiheit und Autonomie beitragen, indem Gedanken beobachtet werden, ohne von ihnen mitgerissen zu werden. Mit der Zeit wird sich durch konsequentes Üben die Effektivität des Gedankensurfens verbessern.

6. Achtsames Zuhören:

Achtsames Zuhören ist eine hervorragende Übung für Menschen, die an einer abhängigen Persönlichkeitsstörung leiden. Diese Übung fördert das Bewusstsein für den gegenwärtigen Moment und verbessert die Kommunikationsfähigkeiten.

Folge diesen Schritten:

Wählen Sie einen ruhigen Ort, an dem Sie sich ohne Ablenkungen konzentrieren können. Je nach Ihren Vorlieben kann dies drinnen oder draußen erfolgen.

Identifizieren Sie eine Schallquelle, auf die Sie sich konzentrieren möchten. Das kann die Stimme eines Sprechers, Umgebungsgeräusche oder sogar beruhigende Musik sein.

Sitzen oder stehen Sie bequem und mit entspanntem Körper. Achten Sie beim Sitzen auf einen geraden Rücken und eine bequeme Handhaltung.

Schließen Sie die Augen, um visuelle Ablenkungen zu reduzieren.

Konzentrieren Sie Ihre Aufmerksamkeit auf die ausgewählte Tonquelle. Wenn jemand spricht, achten Sie darauf, was er sagt, ohne sich von Ihren eigenen Gedanken ablenken zu lassen.

Beobachten Sie die Geräusche unvoreingenommen. Erlauben Sie sich, frei von vorgefassten Meinungen oder Annahmen zu sein.

Übe tiefes Zuhören. Achten Sie nicht nur auf die Worte, sondern auch auf den Ton, das Tempo und die emotionalen Untertöne.

Wenn Sie ein Gespräch führen, widerstehen Sie dem Drang, sofort zu antworten. Gönnen Sie sich eine kurze Pause, bevor Sie antworten.

Wenn Ihre Gedanken abschweifen, bringen Sie sie sanft zurück zu den Geräuschen. Um präsent zu bleiben, nutzen Sie Ihren Atem als Anker.

Erweitern Sie Ihr Bewusstsein schrittweise, um zusätzliche Umgebungsgeräusche einzubeziehen. Achten Sie auf subtile Details, die Ihnen vielleicht vorher nicht aufgefallen sind.

Wenn Sie jemandem beim Sprechen zuhören, üben Sie Empathie aus. Versuchen Sie, ihren Standpunkt und ihre Gefühle zu verstehen.

Drücken Sie Ihre Wertschätzung für die Geräusche um Sie herum aus. Erkennen Sie die Tiefe und Breite des Hörerlebnisses.

Wenn Sie mit der Übung fertig sind, machen Sie eine kurze Pause, um über Ihre Erfahrungen nachzudenken. Beachten Sie alle Veränderungen in Ihrem Bewusstsein oder emotionalen Zustand.

Achtsames Zuhören kann Ihnen helfen, mit anderen in Kontakt zu treten, effektiv zu kommunizieren und Ihre Abhängigkeit von externer Bestätigung zu verringern. Regelmäßiges Üben wird dazu beitragen, diese Fähigkeiten im Laufe der Zeit zu stärken, was Ihnen auf Ihrem Weg zur Überwindung der abhängigen Persönlichkeitsstörung hilfreich sein wird.

KAPITEL ZWÖLF

Überwachung der Fortschritte
Ein Weg der Reflexion und Anpassung zur Überwindung einer abhängigen Persönlichkeitsstörung

Die abhängige Persönlichkeitsstörung (DPD) stellt eine Reihe einzigartiger Herausforderungen dar, die einen durchdachten und anpassungsfähigen Ansatz zur Genesung erfordern. Die Überwachung des Fortschritts ist ein wichtiger Teil dieser Reise und erfordert regelmäßige Selbstreflexion und die Fähigkeit, Strategien als Reaktion auf Feedback anzupassen.

Personen mit DPD können den Weg zu Unabhängigkeit und emotionalem Wohlbefinden effektiver beschreiten, indem sie diese Praktiken integrieren.

Kontinuierliche Selbstreflexion:

Auf dem Weg zur Genesung nach DPD dient die regelmäßige Selbstreflexion als Kompass. Dabei geht es darum, die eigenen Gedanken, Verhaltensweisen und emotionalen Reaktionen bewusst zu untersuchen.

Einzelpersonen gewinnen Einblicke in Muster, die zur Abhängigkeit beitragen können, und entdecken durch Selbstreflexion Wachstumschancen.

Journaling ist eine wirksame Methode der Selbstreflexion. Personen, die ein Tagebuch führen, können ihre täglichen Erfahrungen, Emotionen und Herausforderungen dokumentieren. Durch die regelmäßige Überprüfung der Einträge können Muster und Auslöser identifiziert werden, die wertvolle Informationen für gezielte Interventionen liefern. Dieses Selbstbewusstsein dient als Grundlage für das Verständnis von Abhängigkeiten und die Entwicklung einer proaktiven Denkweise.

Darüber hinaus fördert die Beschäftigung mit Achtsamkeitsübungen die Selbstreflexion. Achtsames Atmen und Bodyscan-Meditationen beispielsweise schaffen einen Raum, Gedanken ohne Urteil zu beobachten. Dieses nicht-reaktive Bewusstsein ermöglicht es dem Einzelnen, auftretende Abhängigkeiten zu erkennen und gezielter zu reagieren.

Der Weg zur Überwindung von DPD verläuft nicht linear, sondern ist ein fortlaufender Prozess, der Flexibilität und Anpassungsfähigkeit erfordert. Die Anpassung von Strategien als Reaktion auf Feedback ist vergleichbar mit einer Neukalibrierung des eigenen

Ansatzes als Reaktion auf die sich ändernde Natur persönlicher Herausforderungen.

Selbstreflexion, Therapiesitzungen und Interaktionen mit unterstützenden Personen können Feedback geben. In der Therapie werden die Anleitung und das Feedback des Fachmanns zu entscheidenden Werkzeugen für das Verständnis von Fortschritten und Bereichen, die weiter behandelt werden müssen. Einzelpersonen können in Zusammenarbeit mit ihrem Therapeuten Strategien verfeinern und anpassen, um spezifische Herausforderungen effektiv anzugehen.

Auch soziale Unterstützungsnetzwerke sind für die Rückmeldung wichtig. Vertraute Freunde oder Familienmitglieder können Einblicke in Veränderungen geben, die sie bemerken, und so eine externe Perspektive bieten, um die Selbstreflexion zu ergänzen. Offen für dieses Feedback zu sein und es mit einer Wachstumsmentalität zu betrachten, kann zu wichtigen Veränderungen im Genesungsprozess führen.

Wenn es um Bewältigungsstrategien geht, ist Anpassungsfähigkeit entscheidend. Was in einer Phase der Genesung funktioniert, muss möglicherweise geändert werden, wenn sich die Umstände ändern. Wenn beispielsweise das Setzen von Grenzen zu einer immer wiederkehrenden Herausforderung wird, kann es notwendig sein, die Kommunikationsstrategien anzupassen oder zusätzliche Unterstützung in Anspruch zu nehmen. Die Fähigkeit, internes oder externes Feedback zu erkennen, fördert einen proaktiven und belastbaren Ansatz zur Überwindung von DPD.

Schließlich ist die Verfolgung der Fortschritte bei der Überwindung einer abhängigen Persönlichkeitsstörung eine dynamische und personalisierte Reise. Regelmäßige Selbstreflexion fungiert als Kompass und deckt persönliche Muster und Auslöser auf. Die Anpassung von Strategien auf der Grundlage von Rückmeldungen, sei es aus der Therapie oder aus sozialen Unterstützungsnetzwerken, ist für eine wirksame Anpassung an veränderte Herausforderungen von entscheidender Bedeutung. Menschen mit DPD können durch die Übernahme dieser Praktiken ihren Weg zu Unabhängigkeit, Belastbarkeit und einem erfüllteren Leben finden.

ABSCHLUSS

Die Überwindung der abhängigen Persönlichkeitsstörung (DPD) ist eine schwierige, aber transformative Reise, die Engagement, Selbstreflexion und einen komplizierten Ansatz erfordert. In diesem Kapitel werfen wir einen Blick auf wichtige Erkenntnisse über den DPD-Genesungsprozess und betonen die Bedeutung von Selbstbewusstsein, therapeutischen Interventionen und einer unterstützenden Umgebung.

Der Weg zur Genesung von einer abhängigen Persönlichkeitsstörung beginnt mit der Anerkennung des Vorhandenseins der Störung und ihrer Auswirkungen auf verschiedene Aspekte des eigenen Lebens. Menschen mit DPD kämpfen häufig mit einem übermäßigen Bedürfnis nach Bestätigung, der Unfähigkeit, unabhängige Entscheidungen zu treffen, und einer starken Angst vor dem Verlassenwerden. Das Erkennen dieser Muster ist ein wichtiger erster Schritt, denn es legt den Grundstein für die Selbsterkenntnis.

Selbstbewusstsein ist für die Überwindung von DPD unerlässlich. Einzelpersonen können durch Selbstbeobachtung Einblicke in ihre Denkmuster, emotionalen Reaktionen und zwischenmenschlichen Dynamiken gewinnen. Die Entwicklung eines ausgeprägten Bewusstseins für die eigenen Bedürfnisse und Ängste ermöglicht gezielte Interventionen und Bewältigungsstrategien. Einzel- und Gruppentherapie werden dabei zu wesentlichen Instrumenten.

Therapeutische Interventionen sind auf dem Weg zur Genesung von DPD von entscheidender Bedeutung. CBT ist besonders effektiv, weil es Einzelpersonen dabei hilft, unangemessene Gedanken und Verhaltensweisen zu erkennen und zu bekämpfen. Einzelpersonen können schrittweise ihre Abhängigkeit von anderen bei der Validierung und Entscheidungsfindung verringern, indem sie negative Denkmuster umgestalten und gesündere Bewältigungsmechanismen fördern.

Darüber hinaus ermöglicht die psychodynamische Therapie eine tiefergehende Untersuchung der zugrunde liegenden Emotionen und ungelösten Probleme, die zur DPD beitragen. Das Aufdecken der Ursachen der Abhängigkeit ermöglicht es dem Einzelnen, Kernprobleme anzugehen und so den Weg für langfristige Veränderungen zu ebnen.

Einzelsitzungen werden durch Gruppentherapie ergänzt, die eine unterstützende Gemeinschaft bietet, in der Einzelpersonen in einer sicheren Umgebung Erfahrungen austauschen, Perspektiven gewinnen und zwischenmenschliche Fähigkeiten üben können.

Ein weiterer wichtiger Aspekt bei der Überwindung von DPD ist der Aufbau und die Pflege gesunder Beziehungen. Die Entwicklung effektiver Kommunikationsfähigkeiten, das Setzen von Grenzen und das Lernen, die eigenen Bedürfnisse durchzusetzen, tragen alle zu mehr Autonomie und weniger Abhängigkeit von anderen bei.

Freunde und Familie spielen in diesem Prozess eine wichtige Rolle, indem sie in schwierigen Zeiten für Ermutigung und Verständnis sorgen.

Auch die Entwicklung des Selbstwertgefühls und des Selbstwertgefühls sind entscheidende Komponenten zur Überwindung von DPD. Aktivitäten, die das persönliche Wachstum, das Setzen und Erreichen von Zielen und das Feiern individueller Erfolge fördern, tragen alle zu einem positiven Selbstbild bei. Der Einfluss der Abhängigkeit lässt nach, wenn der Einzelne ein stärkeres Selbstbewusstsein entwickelt, was erfüllendere und ausgeglichenere Beziehungen ermöglicht.

Es ist wichtig zu erkennen, dass die Überwindung von DPD kein geradliniger Prozess ist und Rückschläge auftreten können. Geduld und Ausdauer sind wesentliche Tugenden auf dieser Reise. Aus Rückschlägen zu lernen, therapeutische Ansätze anzupassen und sich für persönliches Wachstum einzusetzen – all das trägt zur allgemeinen Widerstandsfähigkeit bei.

Zusammenfassend lässt sich sagen, dass die Überwindung einer abhängigen Persönlichkeitsstörung eine vielschichtige Reise ist, die Selbsterkenntnis, therapeutische Interventionen und die Entwicklung gesunder Beziehungen beinhaltet. Der Prozess ist zeitaufwändig, aber die Vorteile sind tiefgreifend: mehr Autonomie, mehr Selbstwertgefühl und die Fähigkeit, ausgeglichenere und erfüllendere Verbindungen mit anderen aufzubauen. Auch wenn die Reise schwierig sein mag, lohnt sich die positive Auswirkung auf das eigene Leben.